AF258173

LES HAUTS FAITS DE LA GUERRE de 1870

RÉFLEXIONS AUX MINISTRES, AUX INSPECTEURS, AUX INSTITUTEURS ET INSTITUTRICES AUX PRÉLATS, AUX GÉNÉRAUX ET AUX CAPITAINES

CAMPAGNE D'ITALIE
PAR NAPOLÉON Ier
ACCOMPAGNÉE DE SES HARANGUES

Par M. Pierre TEISSÈDRE, propriétaire à Charmensac, commune de Saint-Just (Cantal)

SAINT-FLOUR

Imprimerie Em. MATHIEU, rue de la Halle aux Blés.

1887

LES
HAUTS FAITS DE LA GUERRE
de 1870

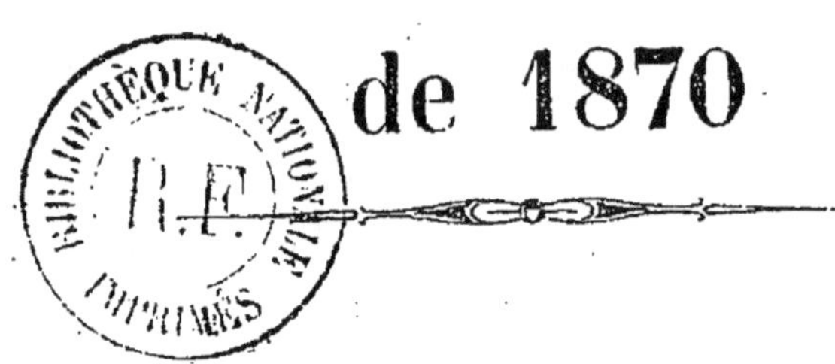

RÉFLEXIONS AUX MINISTRES, AUX INSPECTEURS,

AUX INSTITUTEURS ET INSTITUTRICES

AUX PRÉLATS, AUX GÉNÉRAUX ET AUX

CAPITAINES

CAMPAGNE D'ITALIE
PAR NAPOLÉON Iᵉʳ
ACCOMPAGNÉE DE SES HARANGUES

*Par M. Pierre TEISSÈDRE, propriétaire à
Charmensac, commune de Saint-Just (Cantal)*

SAINT-FLOUR

Imprimerie Em. MATHIEU, rue de la Halle aux Blés.

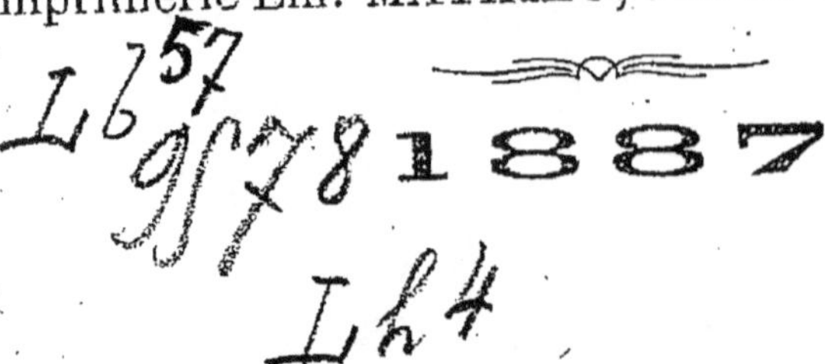

LES
HAUTS FAITS DE LA GUERRE

DE 1870

Elle fut obligée de payer la somme énorme de cinq milliards pour indemnité de guerre. Elle nous a rendu l'instruction gratuite, bienfait inappréciable pour les familles indigentes. Elle nous a fait construire un nombre considérable de maisons d'écoles dans les communes et les hameaux; ces bâtiments ont coûté des sommes énormes. Elle nous a fait percer une quantité innombrable de chemins vicinaux qui rendent de si importants services, accompagnés de ces ponts multiples qu'elle a fait jeter sur plusieurs rivières. Dans notre contrée seulement, depuis Garaby, jusqu'au Malzieu-Ville, il n'y avait aucun pont sur la Truyère, la République en a fait construire trois :

1º Celui du Terran, qui joint la section de Faverolles au canton de Ruines; 2º celui de la Garde-d'Albaret-Ste-Marie, qui rend un service incontestable au commerce et à l'agriculture; 3º celui de St-Léger où les marchands de bestiaux de la Haute-Loire trouvent un passage commode pour venir aux foires de la localité : la Garde, Fournels, Chaudesaigues, St-Urcize, Lacalm, Laguiole et jusqu'à

Entraygues. La République a de plus fait construire un grand nombre de voies ferrées qui sillonnent aujourd'hui la France de toute part ; on lui doit le viaduc de Garaby, vanté à juste titre, l'une des plus grandes merveilles du monde. Voilà ce qui forme un trésor de plusieurs milliards qui durera des siècles.

RÉFLEXIONS

Tous les ministres ne sont pas des Sully, tous les prélats ne sont pas des Fénelons ni tous les les généraux ne sont pas des Napoléons. Les ministres d'aujourd'hui devraient s'efforcer d'imiter ce bon Sully, ce grand homme qui disait : « Pâturage et labourage voilà les deux mamelles de la France, les vrais mines du Pérou. » Ce grand ministre avait bien compris que le point essentiel de la richesse du pays était d'encourager l'agriculture. Aujourd'hui, quoique la Répulique s'en soit déjà occupée, il est à regretter dans beaucoup d'écoles que les enfants n'aient entre les mains aucun livre d'agriculture. Ceux, par conséquent, qui sont chargés de l'instruction de la jeunesse, les ministres, les instituteurs, etc. devraient s'efforcer de combler cette lacune ; ils devraient prendre à cœur d'enseigner aux enfants, dès l'école, l'art qu'ils auront à pratiquer plus tard. M. le Préfet du Cantal a, du reste, bien compris le mal, aussi s'efforce-t-il de donner des leçons d'agriculture dans ses tournées. L'agriculture est la source de la fortune publique et « il n'y a ni roi, ni prince, ni évêque, ni seigneur qui vivent sans la terre du pauvre laboureur. » Les enfants de nos campagnes sont tous fils de cultivateur destinés à le devenir eux-même; à l'école on leur apprend l'histoire de France, la Géographie, la Grammaire, etc. mais on laisse le point essentiel l'agriculture.

Nous avons dit que tous les prélats ne sont pas des Fénelons et nous sommes heureux de citer l'opinion de ce grand homme le plus honnête de son siècle (voir Radu page III). Les ministres de Dieu, les prêtres tels que les vrais chrétiens l'entendent seraient des hommes tels que M. de Pompignac, ancien évêque de Saint-Flour, M. Torrette de Loubaresse, chanoine, M. Marisson de Saint-Flour, M. Bromet, de Brezons, M. Delpeuch, de Paulhac, voilà des hommes qui ont le cœur riche de tolérance, de charité et de pardon; leur porte est ouverte à tous, ils ne connaissent ni saison ni distance s'il s'agit de porter le pardon au coupable. Telle est la vie du véritable prêtre.

Quant à Napoléon, les généraux d'aujourd'hui et les capitaines devraient s'efforcer d'imiter ce grand homme. Comme lui ils devraient tâcher de se faire aimer et respecter de leurs soldats. Tous les grands généraux ont possédé l'amitié de leurs soldats. L'histoire raconte que César était adoré des légions qu'il commandait.

Voyez Turenne comme il était aimé de ses soldats et de même Bonaparte.

Nous pouvons dire en vérité que nous avons parlé à plus de cent de ces anciens vétérants et si peu que l'on entre en conversation avec eux ils pleurent à chaudes larmes tant ils regrettent leur vaillant capitaine.

C'est précisément cette intimité, ce bon accord, cet amour qui a existé entre ce grand héros des temps modernes et ses guerriers, qui a été la source de tant de hauts faits d'armes. En entendant parler de guerre et de bruits de guerre, et voulant tâcher d'être utile à notre patrie autant qu'il dépendrait de nous, désireux de conserver notre indépendance, notre liberté et le rang qui nous appartient en Europe, nous serions heureux de voir nos soldats attachés à leurs chefs comme l'étaient ceux de Bonaparte. Je regrette beaucoup de dire qu'aujourd'hui ce lien d'intimité entre les chefs et leurs soldats fait bien défaut; c'est une lacune déplorable, un vide qu'il faudrait s'efforcer de combler. Il devrait exister entre les chefs et l'armée une sorte de fraternité d'armes et d'union de famille et de confiance. Sans cette condition beaucoup de choses deviennent impossibles et malheureusement beaucoup de nos jeunes militaires donnent à croire que cette condition n'existe pas. Nous avons eu beaucoup de conversations avec divers d'entre eux ; à plus d'un nous avons dit, en parlant de la bataille d'Arcole.

Dans une position pareille feriez-vous de même? Bien des fois nous avons obtenu cette réponse : « Je ne m'exposerais jamais à recevoir la plus légère égratignure pour sauver la vie à un de mes chefs sauf à de rares exceptions car il s'en trouverait bien qui seraient vraiment secourus mais le grand nombre ne le serait pas. » N'est-ce pas dire assez clairement qu'ils n'aiment pas leurs supérieurs, que l'instinct de la conservation agit seul en eux, que le dévouement est banni de ces âmes. Nos jeunes militaires ont cependant le cœur français comme leurs pères qui ont servi

Napoléon et l'amitié de leurs chefs ne tarderait pas à développer en eux le patriotisme et le dévouement. Ceux donc qui dirigent les armées ne devraient pas avoir seulement l'intelligence de commander mais aussi de se faire aimer et respecter de leurs soldats.

Campagne d'Italie. — Bonaparte

D'après une histoire anonyme en partie racontée par ses anciens soldats.

Napoléon conquit l'Italie avec les inspirations d'Alexandre et la rapidité de César. Bonaparte arrive à Nice, le 27 mars 1796. Au lieu d'une armée de 60,000 hommes qu'on lui avait annoncés il en trouva à peine 33,000 dépourvus de tout, sans argent, sans vivres, sans souliers, sans habits et presque sans artillerie, dans le dénûment complet.

C'est avec d'aussi faibles ressources que Bonaparte devait triompher de 250,000 Autrichiens commandés par les meilleurs généraux de l'Europe de cette époque : des hommes très expérimentés ; et lui n'avait que 26 ans. De plus cette grande armée autrichienne était secondée par 30,000 Piémontais et possédait une artillerie de 200 pièces de canon ; des troupes du Pape, de Naples, de Parme et de Modène. De plus il fallait soumettre la population d'Italie tout entière. Bonaparte triompha de tous ces obstacles et fit passer 30 ou 40 millions aux caisses de France et plusieurs centaines de millions en chefs d'œuvre des arts et pendant deux ans nourrit son armée, crée et entretient son matériel, solde plusieurs années de solde arriérée.

Celui qui commandait cette armée avant

lui ne pouvait plus se suffire; il demandait de l'argent pour solder et réorganiser ses troupes. Le gouvernement ne pouvait en donner, il lui fit connaître que si l'on tardait il serait obligé d'évacuer la rivière de Gênes et de rentrer en France. Le Directoire résolut de le remplacer. Bonaparte, son successeur passe ses troupes en revue et leur dit : « Soldats vous êtes nus, mal nourris, on vous doit beaucoup on ne peut rien vous donner. Le courage que vous montrez est admirable, mais il ne vous procure aucune gloire. Je viens vous conduire dans les plus fertiles plaines du monde; de riches provinces, de grandes villes seront en notre pouvoir, et là vous aurez richesses, honneurs et gloire. Soldats d'Italie manquerez-vous de courage ? « Ces paroles sont électriques pour l'armée, elle court et se rassemble sur son extrême droite. Et dès ce moment s'établit entre Bonaparte et ses soldats une sorte de fraternité d'armes, d'union de famille, de confiance mutuelle, véritable source de ces hauts faits qui étonnent encore le monde. Le général autrichien Beollus comprit qu'il n'avait pas un moment à perdre avec ce jeune et ardent adversaire. Il partagea son armée en trois corps, afin d'intercepter aux Français la route de la Corniche et divisa ainsi ses forces. Bonaparte dirigea ses troupes avec plus d'habileté, il les plaça de manière à se réunir en peu de temps et tomber sur chacune des armées ennemies séparées par des rivières et des montagnes et Bonaparte enveloppe ainsi Montenotte. Le général La Harpe l'attaque en tête, Masséna la prit en queue et Augereau sur le flanc ; tout ce corps fut complètement écrasé et

Bonaparte entre en Piémont. Le général autrichien se retire avec précipitation sur Millésimo et Dégo afin de couvrir les deux grands débouchés du Piémont et du Milanais. Bonaparte ordonne à Augereau de forcer la droite de l'ennemi et de lui enlever les gorges de Millésimo. Les deux armées en vinrent aux mains ; après un combat opiniâtre les ennemis perdirent 9,000 prisonniers et une grande quantité de vivres et de munitions. L'ennemi s'était fortifié sur Dégo et après deux heures d'un combat très chaud, la division ennemie reste toute prisonnière. L'armée Française arriva bientôt à Ceva, passe le Tanaro. Le général autrichien sentit le danger de sa situation, alla prendre position à Mondovi mais comme Bonaparte savait si bien faire parler la poudre, il ne tarda pas à la faire parler devant Mondovi ; il ordonne à Murat d'attaquer les redoutes de la Bicoque, dès lors Serrurier put charger l'ennemi en plaine et poursuivit les Piémontais.

La ville de Mondovi tombe en son pouvoir avec tous ses immenses magasins ; l'abondance remplace la disette et Bonaparte rétablit la discipline et adressa une seconde proclamation à son armée : « Dénués de tout vous avez suppléé à tout, vous avez gagné des batailles sans canons, passé des rivières sans pont, fait des marches forcées sans souliers, bivouaqué sans eau-de-vie et souvent sans pain. Les phalanges républicaines, les soldats de la liberté étaient seuls capables de souffrir ce que vous avez souffert ; grâces, vous en soient rendue soldats, la patrie reconnaissante vous devra sa liberté; et si, vainqueurs de Toulon, vous présageâtes l'immortelle campagne de

1796, vos victoires actuelles en présagent de plus belles encore !....

Soldats, la Patrie a droit d'attendre de grandes choses de vous, justifiez-vous en attendant. Les plus grands obstacles sont franchis sans doute mais vous avez encore des combats à livrer, des villes à prendre, des rivières à passer. En est-il quelqu'un d'entre vous dont le courage s'amolisse ? non il n'y en a pas parmi les vainqueurs de Montenotte, de Millésimo de Mondovi, de Dégo, tous brûlent de porter au loin la gloire du peuple Français et indemniser la Patrie des sacrifices immenses qu'elle a faits ; tous veulent pouvoir dire avec fierté en rentrant dans leur village j'étais de l'armée qui a conquis l'Italie. Amis, je vous la promets cette conquête, mais à une condition qu'il faut jurer de remplir, c'est de réprimer le pillage horrible auquel se portent des scélérats, sans cela vous ne seriez pas les libérateurs du peuple vous en seriez le fléau, vous ne seriez pas l'honneur du peuple français, il vous désavouerait, vos victoires, votre courage, vos succès, le sang de vos frères morts dans les combats, tout serait perdu, même l'honneur et la gloire.

Quant à moi et aux généraux qui ont votre confiance nous rougirions de commander une armée sans discipline, sans frein, qui ne connait de loi que la force ; mais investi de l'autorité nationale, fort de la justice et par la loi je saurai faire respecter les lois de l'honneur et de l'humanité, je ne souffrirai point que des brigands souillassent vos lauriers, les pillards seront impitoyablement fusillés, déjà plusieurs l'ont été. Peuples d'Italie, venez avec confiance au-devant de l'armée française, vos propriétés, votre religion et vos usages seront respectés. » Bonaparte dirige ses généraux sur Fossano, Augereau sur Alba, Serrurier sur Fossano et Bonaparte se dirige sur Chéraco. Ces trois colonnes arrivèrent ensemble et en chassèrent le général autrichien. Ce nouveau trophée ajouta une nouvelle gloire à l'armée Française. Le roi de Sardaigne ne pouvait plus compter sur les armées autrichiennes réduites à défendre leur propre territoire. Il demanda un armistice et livra pour sûreté du traité les forteresses de Tortone, de Ceva, de Suze, de Dumont, de Brunelle et d'Alexandrie. Le colonel Murat partit pour Paris avec vingt drapeaux et le traité d'armistice. La capitale à la réception de ce trophée triompha comme l'armée d'Italie et le Corps législatif décréta pour la 3ᵐᵉ fois que l'armée d'Italie avait bien mérité de la Patrie.

Dès ce moment tous les regards se fixent sur Bonaparte, il occupe toute l'Europe, il remplit la scène du monde, il étonne tous les vieux capitaines, il écrivit au Directoire : « Je marche demain sur Béollus, je l'oblige à repasser le Pô, je le passe immédiatement après, je m'empare de toute la Lombardie et avant un mois j'espère être sur les montagnes du Tyrol, trouver l'armée du Rhin et de concert avec elle porter la guerre dans la Bavière. Bonaparte montre en débutant les vues d'un politique habile et la tactique d'un général consommé. Non content d'attaquer l'Allemagne dans ses positions d'Italie, dès le commencement du printemps il trace un plan de campagne qui menace l'Empereur d'Autriche. Au bruit de nos victoires les soldats arrivèrent de tous les dépôts, de tous les hôpitaux et l'armée grandissait comme son chef. Bonaparte se porte sur le Pô et trompé par une manœuvre habile le général autrichien qui l'attendait à Valencia. Il se porte sur Plaisance, s'empare de cette ville, franchit le fleuve, un pont est construit et le passage du Pô est effectué sans opposition. Les Etats du duc de Parme furent envahis, il demande une suspension d'armes qui lui fut accordée moyennant une contribution de deux millions, dix-sept cents chevaux, dix mille quintaux de blé, cinq cents quintaux d'avoine, deux mille bœufs et la cession de vingt des plus beaux tableaux de son cabinet. Un corps de huit mille Autrichiens fut pris au village de Fombio un autre corps de cinq mille hommes est défait près du village de Codogno. Le général Autrichien mit une forte garnison dans Milan et se porte sur Lodi; il range son armée en bataille dans l'intention de défendre le passage du pont de l'Adda qu'il n'avait pas eu le temps de couper. Il se croyait en sûreté dans ses retranchements. Bonaparte rassemble toute son artillerie, laissant Pavie, Côme et Milan qui tôt ou tard ne pouvaient lui échapper; il se porte sur Lodi, attaque cette ville le 10 mai avec tant d'impétuosité que les Autrichiens sont obligés de repasser la rivière, le général Béollus rangea son armée en bataille et la couvrit d'une nombreuse artillerie. Les Français se lancèrent en colonne serrée et le passage est effectué malgré la plus violente opposition; ils se précipitent avec fureur sur les bataillons autrichiens et les enlèvent au pas de course. L'ennemi rompu de toutes parts fuit en désordre et la victoire appartient aux Français. Les débris de l'armée

Autrichienne ne purent être sauvés que par la protection des canons de Mantoue.

Bonaparte entre dans Milan le 15 mai à la tête d'un nombreux état-major et met une contribution provisoire de 20 millons. Le duc de Modène fut obligé de composer avec le général Bonaparte et de lui payer une somme de sept millons cinq cent mille livres et 20 tableaux des plus beaux de sa galerie.

La cupidité de plusieurs généraux, les sacrifices que l'on exige de tout genre excitent une insurrection dans Pavie et ses environs. Le tocsin sonne dans les campagnes, les paysans assassinent sur les routes les soldats français, Bonaparte y accourt, Pavie est pris après un combat des plus chauds, pillé et saccagé; plusieurs milliers de paysans furent sabrés. Ces mesures terribles refroidirent les Italiens et les firent trembler les armes à la main, tout en assurant la tranquillité des Français en Italie. Les Autrichiens effrayés trouvèrent que la rivière de l'Oglio n'était point une barrière assez forte à opposer aux Français, ils se retirèrent derrière le Mincio, Bonaparte prit toutes ses dispositions pour les attaquer, il ordonne à Augereau de s'emparer de Peschiera et à Serrurier de marcher pendant la nuit derrière Caprionas. L'ennemi attaqué dans ses derniers retranchements abandonne le champ de bataille.

Le général Mélas avait rassemblé les débris des armées qui s'élevaient à vingt mille hommes et Wurmser qui arrive du bord du Rhin avec un renfort de 30,000 hommes. Bonaparte savait que ce renfort ne pourrait être mis en ligne avant deux mois et il profita de ce temps pour faire de nouvelles expéditions. Il revient à Milan et fait ouvrir la tranchée devant la citadelle, il soumit Gènes, Bologne et Ferrare contre l'autorité du Pape et le força à signer un armistice et l'obligea à payer vingt millons de contributions et à remettre 500 manuscrits et objets d'art au choix des commissaires français et les légations de Bologne, Ancône et Ferrare. Bonaparte adresse au peuple d'Italie une seconde proclamation : « Peuple d'Italie, vous sollicitez la protection de l'armée française, il faut vous en rendre digne ; puisque la majorité d'entre vous est bien intentionnée, contraignez ce petit nombre d'hommes opiniâtre à se soumettre, dites leur : insensés, que vous sert d'attirer sur la Patrie la fureur de la guerre ; la supériorité de mes armées est aujourd'hui constatée, ce n'est pas quelques ennemis de plus ou du moins qui peut redouter le vainqueur des Alpes et de l'Italie. je me suis rendu redoutable dans les combats mais je suis l'ami de ceux qui reçoivent mes soldats avec hospitalité.

Bonaparte accourut à marches forcées sur Covole, rencontra l'avant-garde ennemie et la mit en déroute, lui prit 4,000 prisonniers 11 pièces de canons et une grande quantité de caissons. Wurmser ayant concentré ses forces sur Bassano, Bonaparte ordonne à Augereau d'attaquer sa gauche, Masséna à droite, l'ennemi est rejeté dans Bassano, le pont fut franchi en colonne serrée et après un combat des plus opiniâtres, Bassano est au pouvoir des Français ; l'ennemi laisse le champ de bataille couvert de morts et de blessés 6,000 prisonniers 30 pièces de canons, une immense quantité de bagages et un grand nombre de voitures attelées. L'ennemi se retire en dé-

sordre sur Vienne, il ne lui restait plus que
18,000 hommes découragés et déconcertés de
cette belle armée de 70,000 hommes. Jamais
position ne fut plus critique, on s'attendait à
chaque instant à le voir mettre bas les armes ;
il désespérait lui-même de sa situation lorsque l'idée lui vient d'aller se renfermer dans
Mantoue. Le général autrichien, pour tenter
un dernier effort le 19 septembre, se porta sur
le faubourg Saint-Georges, le combat devient
très vif, le général Augereau fut sur le point
d'être enlevé par l'ennemi, Bonaparte fit dé-
boucher Masséna sur le centre ennemi et
lorsque toute la ligne était aux prises Bonaparte
se porte avec toute sa garde sur la gauche de
l'ennemi, cette manœuvre porte le désordre
dans les rangs Autrichiens qui se jetèrent en
toute hâte, comme d'habitude, sous la protection des canons de Mantoue. Wurmser pour
tenter encore la fortune se porte sur l'Adige
afin d'enlever le poste de Cavernolo; mais il
échoua et se retira avec de grandes pertes
encore comme à l'ordinaire sous la protection
des canons de Mantoue où il fut pour la 3me
fois étroitement bloqué.

Malgré toutes ces défaites les armées autrichiennes devenaient encore redoutables, le
feld maréchal Alvinay avec une armée de
50,000 hommes était venu prendre position au
village d'Arcole que sa situation rendait for-
midable, il l'avait fortifiée. Le 15 novembre,
Bonaparte quitte Vérone repasse l'Adige et
se porte sur le plateau d'Arcole. A deux heures du matin, il ordonne la fusillade par
Augereau mais il est repoussé, Bonaparte se
tournant vers Murat lui dit : « Si ton tour est
venu de mourir du moins il faut mourir glo-

rieusement. Murat mit son chapeau à la pointe de son épée et s'avança sur le pont à la tête de ses grenadiers, sur le pont que le feu de l'ennemi prenait en flanc, mais il est encore repoussé. Nos grenadiers décimés par l'artillerie ennemie ne pouvaient plus avancés, commençaient à reculer. Bonaparte sentant la nécessité de vaincre ce redoutable passage, pour tenter un dernier effort, saisit un drapeau, l'agite en présence de son armée et se lance sur le pont au millieu de la canonnade et de la fusillade; mais une effroyable décharge d'artillerie de l'ennemi renverse une grande partie de la colonne et Bonaparte est jeté dans des marais de l'autre côté du pont. Un cri d'alarme se fit entendre qui retentit jusque sur le derrière de l'armée, Bonaparte, le général en chef de l'armée française est perdu, il est mort, ou s'il n'est pas mort l'ennemi va l'entourer. Nos soldats entrainés par l'ardeur de leur chef se lancent sur le pont pour la troisième fois, tête basse, en colonne serrée, et le passage est effectué malgré la plus violente opposition. On relève Bonaparte couvert de boue, il remonte à cheval, se place à la tête de ses troupes en leur disant : « Mes amis, du courage, nous en avons besoin plus que jamais. » Ces paroles énivrent encore nos soldats qui ressemblent aux héros de l'antiquité. Le général en chef des armées autrichiennes voyant le passage franchi et l'ardeur de l'armée française ne put s'empêcher de dire à voix basse : « Nous avons à faire à une armée d'enragés, ils nous vont tous écraser » et en effet après trois jours de combats consécutifs, que l'histoire appelle et appellera à jamais les trois célèbres journées d'Arcole, l'ennemi laisse 18,000 hommes sur le champ de bataille, 6,000 prisonniers, 6 drapeaux et 18 pièces de canon. Bonaparte rentre dans Vérone, passe l'Adige et sur Vaubois fit encore beaucoup de prisonniers à l'ennemi qu'il repousse jusqu'aux montagnes du Tyrol.

Malgré les victoires de Bonaparte le Directoire voulait sincèrement la paix avec l'Autriche. L'Autriche, au contraire, malgré les nombreuses défaites de ses armées, espérait que la guerre lui offrirait par des chances plus heureuses les moyens de reconquérir ses provinces perdues. Venise faisait des nouvelles levées d'Esclavons. L'Autriche dirige deux grandes armées sur l'Adige, l'une commandée par le général Alvigny forte de 50,000 hommes, la seconde par Provera forte de 15,000 hommes. En outre 23,000 hommes assiégés dans Mantoue avec le général en chef, ce qui forme un effectif de 100,000 hommes et Bonaparte n'a à y opposer que 45,000 hommes. Pour comble de disgrâce, après avoir perfidement rompu les conditions de l'armistice qu'il avait entamé, l'Evêque de Rome, dirigea contre nos troupes un corps de 5,000 hommes appuyé par toute cette immense population d'Italie.

Bonaparte était occupé à faire son plan de campagne lorsque on vient lui apporter cette dernière nouvelle. Il se lève, jette ses gants sur la table, parcourt trois ou quatre fois le salon dans toute sa longueur avec une rapidité étonnante en disant : « Je suis dans une situation des plus critiques, il me faut vaincre ou périr; de la ville des sept collines au Tyrol le champ de bataille est immense et il est indispensable pour moi de balayer tout ce terrain; mais suivant toutes les apparences je dois succomber, mais malheur si je succombe, l'Italie maudite depuis François 1er à Marignan sera encore le tombeau des Français. »

Au commencement de janvier Masséna fut attaqué à Saint-Michel. Après un combat des plus opiniâtres il fut vainqueur et fit 1,000 prisonniers à l'ennemi, Bonaparte, au premier coup de canon, accourut à son secours à marche forcée ; malgré sa grande dilligence il n'arriva que sur la fin de l'action. Bonaparte ayant apris que les Autrichiens étaient en force sur Rivoli sous les ordres du maréchal Alvigny, dans la nuit du 13 janvier fit concentrer toutes ses forces sur Rivoli. A la pointe du jour il fit engager la fusillade par Joubert qui repoussa la 1re colonne ennemie. Alvigny dirigea une seconde colonne sur le plateau, Masséna, la repoussa, l'ennemi dirigea une grande partie de ses forces au secours de celles déjà engagées, mais l'artillerie française dirigée par Bonaparte la mitrailla et la cavalerie finit de la culbuter. Tout fut pris dans le ravin : artillerie, cavalerie, infanterie fut écrasé. Le restant de l'armée d'Alvigny se déploya sur les hauteurs de Pipolo croyant tourner l'armée française, il n'était plus temps ; toutes les forces furent tournées contre elle, et mitraillée à son tour, elle fut dispersée et détruite à son tour. La bataille de Rivoli fut très meurtrière, Bonaparte eut deux chevaux tués sous lui ; il prit à l'ennemi 8,000 prisonniers ; dix drapeaux et 14 pièces de canon.

Cependant le même jour le général Provora qui savait Bonaparte occupé à Rivoli court à marche forcée sur Mantoue afin de le débloquer. Au fort de la bataille, Bonaparte, instruit de sa marche et voyant la victoire certaine, laisse à ses généraux le soin de poursuivre l'ennemi. Il prend avec lui 4 brigades et se porte à marche forcée sur Mantoue. Provora a 24 heures d'avance et essaye de surprendre les assiégeants qui d'ailleurs ne s'attendent pas à une attaque de ce côté là. Le coup d'œil d'un sergent les sauve. Il reconnaît l'ennemi, saisit un tambour et donne l'alarme. Ces 1500 braves se défendirent assez longtemps pour donner à Bonaparte le temps d'arriver. Il les secourut si puissamment que Provora fut obligé de mettre bas les armes. C'est dans cette journée que le 55me de ligne acquit le nom de Terrible en renversant tout ce qui tendait à lui résister.

Toujours plusieurs affaires en faveur de l'armée française. Joubert le même jour bat encore Alvigny à Tivoli et lui prend 7,000 hommes. L'ennemi se retire avec précipitation sur les montagnes du Tyrol. En moins d'un mois, l'Autriche avait perdu 25,000 prisonniers 60 pièces de canon, 30 drapeaux et 10,000 morts ou blessés. Mantoue, le boulevard de l'Italie, le pivot des armées autrichiennes, le centre de toutes ses opérations, l'appui de ses retraites, l'objet constant des efforts des Français, abandonné à ses propres ressources ne pouvait longtemps résister. Ce ne fut que lorsqu'il ne lui reste plus que 3 jours de vivre que Wurmser se décida à envoyer un parlementaire à Bonaparte pour savoir les conditions qu'il voudrait lui imposer. Bonaparte lui accorda audelà de ce qu'il attendait. Bonaparte respecta l'âge, la bravoure et le malheur de ce brave général et il ne voulut pas assister à cet spectacle si flatteur, voulant épargner au vieux maréchal la douleur d'être obligé de remettre son épée entre les mains d'un jeune vainquenr de 26 ans et après avoir dicté la capitulation il lui écrivit qu'il partait à l'instant pour Rome. Les troupes pontificales furent battues à Chenope, Ançone pris, et Rome tremble à l'approche des Français. Le Pape fut obligé de signer le traité de Tolentino qui démembrait ses Etats de Bologne, de Ferrare, de la Roumanie et d'Avignon et le frappait d'une contribution de 31 millions ainsi que de seize cents chevaux tout harna- chés ainsi que tous les objets d'art dont faisait mention le premier armistice.

L'archiduc Charles fier de la gloire qu'il avait acquise en chassant les Français de l'Allemagne vient commander en chef l'armée d'Italie. Enfin le 16 mars ces deux grands et célèbres adversaires se trouvèrent en présence avec les deux armées, il n'y a que la rivière qui les sépare. Bonaparte propose à son adversaire de passer de son bord qu'il le lais- serait passer ou de le laisser passer afin d'essayer le sort d'une bataille rangée. Le prince Charles entendant ces propositions ne put s'empêcher de dire : « Si j'étais un homme à épouvanter je serais ébranlé par les bravades de cet aventurier, il ne voulut accepter ni l'un ni l'autre. Bonaparte tente le passage en sa présence et il l'effectue comme d'habitude en colonne serrée. La bataille de Taglimento se donne, il la gagne. Le prince Charles se retira avec précipitation sur la Drave et il fut poursuivi jusqu'en Allemagne. Bonarpe établit son quartier général à Léoben et c'est là qu'ils convinrent avec le prince Charles d'un armis- tice qui précéda les préliminaires de paix qui aboutirent au traité de Campo-Formio, le 15 décembre 1797.

Dans cette immortelle campagne à jamais célèbre, l'armée française s'immortalisa à jamais pour avoir remporté plus de 60 combats, 28 grandes batailles dont les plus célèbres furent celles de Lodi, d'Arcole et de Rivoli tandis que Bonaparte se rendit maître de l'Italie.

Avantages du désarmement en Europe

Nous avons vu que les royaumes et les empires après s'être assez battus et ruinés ont fini par rentrer dans leurs limites respectives. A quoi ont abouti toutes les guerres que nous avons faites depuis plus de cent ans ? Elles n'ont abouti qu'à faire verser bien des larmes aux pères et mères de famille et à porter le pillage, la misère, la mort et la désolation. En conséquence ceux qui gouvernent les Etats devraient se réunir en congrès et fixer les limites de leurs Etats et ne garder de troupes que ce qu'il en faut pour maintenir l'ordre et la tranquillité et désarmer l'Europe. Si la majeure partie des journaux européens s'occupaient de cette importante affaire le public finirait par comprendre ce grand avantage.

St-Flour. — Imprimerie Emmanuel MATHIEU.

www.ingramcontent.com/pod-product-compliance
Lightning Source LLC
Chambersburg PA
CBHW051411060726
47596CB00005B/2172